Christoph Brechtel

Basics
der
Entspannung

Muskuläres Tiefentraining (MTT)
Autogenes Training (AT)

www.tredition.de

© 2014 Dipl.-Psych. Christoph Brechtel

Foto: Laura Brechtel
Grafiken: Peter A. Schmitt ("Pasch", 1977)
Verlag: tredition GmbH, Hamburg

978-3-8495-9139-7	(Paperback)
978-3-8495-9140-3	(Hardcover)
978-3-8495-9141-0	(e-Book)

Printed in Germany

Bibliografische Information der Deutschen Nationalbibliothek:

Die Deutsche Nationalbibliothek verzeichnet diese
Publikation in der Deutschen Nationalbibliografie;
detaillierte bibliografische Daten sind im Internet
über http://dnb.d-nb.de abrufbar.

Diese Neuauflage der beiden Entspannungstechniken (MTT und AT) ist allen meinen Patienten, Kurs- und Trainings-Teilnehmern gewidmet, die mir seit 1976 die Gelegenheit gaben, sie mit den jeweiligen Übungen vertraut zu machen.

...und all denen, die sich die Mühe machten, die alten Broschüren im Antiquariat aufzutreiben.

INHALTSVERZEICHNIS

Vorwort

Bewährtes ändern, nur damit es neu ist?
Altes beibehalten, nur weil es bewährt ist?

Als ich die Originale (MTT und AT) 1977 geschrieben habe, war es bereits eine Erneuerung sowohl der "Progressiven Muskelentspannung" *(auch "Progressive Muscle Relaxation", PMR)* nach E. Jacobsson, welches später als "***Muskuläres Tiefentraining***" (Stocksmeier) verändert und von mir erweitert wurde, als auch des traditionellen "***Autogenen Trainings***" (nach J.H. Schultz, Lindemann, Eberlein und anderen Autoren). Meine Auflagen waren **Anleitungshefte** für meine Patienten, die an einem Kurs zum Muskulären Tiefentraining oder Autogenen Training teilgenommen haben, nach Überweisung ihres Arztes. Es waren Patienten einer Fachklinik für Innere Medizin, die dort zu einer Rehabilitationsmaßnahme oder zur Rekonvaleszenz weilten.

In einer Zeit, als eine psychosomatische Erkrankung noch so etwas wie ein Tabu war und der Gang zur psychologischen Abteilung der Klinik recht schwer fiel, war es mir wichtig, eine "lockere" Darstellung der jeweiligen Techniken zu präsentieren, ohne die physiologischen Hintergründe der Wirkungsweise zu vernachlässigen.

Auch in Abendkursen bei der Volkshochschule kamen die Hefte gut an. Später, bei tpm-Seminaren zum Thema Stressmanagement "modernisierte" ich die Schriften (1988). Seither kamen hin und wieder Aktualisierungen hinzu, ohne jedoch den Inhalt und die Form wesentlich zu verändern.

Nach wie vor sind die hier vorgestellten "traditionellen" Entspannungsmethoden aktuell. Im Gegensatz zum kurzfristig wirksamen **Muskulären Tiefentraining**, das zugegebenermaßen leicht zu erlernen und vielleicht auch vergnüglicher ist, zählt das **Autogene Training** zu den anerkannten Naturheilverfahren und aktiviert die Selbstheilungskräfte des Organismus. Hier empfiehlt sich eine fachliche Unterstützung, die aber immerhin überall (z.B. in Volkshochschulen) leicht zu bekommen ist.

Nachdem ich beide Methoden (neben vielen anderen) als Kurzfassung in meinem Buch *"Was Stress und Burnout mit uns macht und was wir dagegen tun können" (2014)* darstellte, habe ich entschieden, diese beiden neu aufzulegen, da die Originale nur noch im Antiquariat erhältlich sind. Die Neuauflage ist weitgehend unverändert geblieben. Auch die Karikaturen meines alten Freundes "Pasch" von 1977, welche die Beschreibung der Übungen "lebendig" machen, habe ich wieder übernommen.

MUSKULÄRES TIEFENTRAINING (MTT)

"Es ist so schön, wenn der Schmerz nachlässt..." (Volksmund)

Das Prinzip

Das muskuläre Tiefentraining (MTT) ist leicht zu erlernen, praktisch anwendbar, wirkt sofort, ist frei von philosophischen und meditativen Elementen. Es ist die ideale Entspannungstechnik für alle, denen das Erlernen anderer Techniken zu umständlich und zeitraubend erscheint. Aber es ist auch für alle, die sich in schwierigeren Entspannungsmethoden bereits geübt haben, eine -vielleicht willkommene- Ergänzung.

Das Ziel des MTT ist Entspannung der Muskulatur. Nicht mehr und nicht weniger. Muskelverspannung ist meist das äußere Zeichen einer inneren Verspanntheit, Verkrampftheit oder gar Krankheit. Eine Lösung dieser Spannung kann im Zuge der allgemeinen Wirkung auch innere Gelöstheit herstellen, damit Stressbelastungen entgegenwirken und sogar Heilungsprozesse beschleunigen.

Die meisten von uns haben, teilweise ganz massive, muskuläre Verspannungen (z.B. im

Nacken, in den Schultern, im Rücken etc.) ohne sich dessen immer bewusst zu sein. Wir haben uns eben daran gewöhnt. Die angespannte Muskulatur verbraucht bekanntlich Energie (= Sauerstoff und Zucker). Diese erhält sie über das Blut durch den Kreislauf. Konsequenz: Jede Muskelverspannung belastet auch Kreislauf und Herz. Entsprechend der Höhe dieser Belastung hat das Folgen für die Atmung und später schließlich für den gesamten Organismus.

Die gesamte willkürliche Muskulatur (das sind alle Muskeln außer dem Herzmuskel, den Blutgefäßen und den Muskeln des Magen-Darm-Traktes) unterliegt unserer bewussten Kontrolle (daher "willkürliche" Muskulatur). Deshalb können wir auch gezielt etwas tun. Diese Erkenntnis ist die Basis des MTT. Auf den ersten Blick handelt es sich um isometrische Übungen und erinnert an die "Progressive Relaxation" (Jacobsen). Allerdings wird beim MTT in viel kürzerer Zeit wesentlich mehr Kraftaufwand gefordert und es muss während der Anspannungsphase regelmäßig und ununterbrochen durchgeatmet werden. Die Effekte sind auch stärker als bei isometrischen Übungen. Im Training werden bestimmte Muskelpartien maximal angespannt, danach (auf dem Höhepunkt der Kraftanwendung) losgelassen und spezifische Gegenbewegungen gemacht.

Die Entspannung wird dann allmählich für den gesamten Organismus spürbar.

Soviel zum Prinzip.

Allerdings müssen wir eines besonders beachten: die Atmung!

Oft halten wir die Luft an, wenn wir plötzlich und kräftig die Muskeln anspannen. Diese Angewohnheit müssen wir ablegen. So, wie jeder aktive Sportler sich in bestimmte Atemtechniken einübt, müssen wir üben, während der Anspannung ruhig und regelmäßig weiterzuatmen. Dies wird uns in kürzester Zeit gelingen, wenn wir uns diese Forderung bewusst machen.

Das MTT in der hier vorliegenden Form entstand auf Anregung von Herrn Prof. Dr. Dr. Uwe Stocksmeier (Sportmediziner und damals Präsident der Deutschen Herzhilfe), der für das MTT die "progressive Relaxation" modifiziert hat. Diese Technik wurde von mir noch weiter vereinfacht und über 12 Jahre lang von mir und anderen Psychotherapeuten in unterschiedlichen Kliniken angewendet, untersucht, erprobt und weiterentwickelt.

Das MTT ist nach kurzer Übungszeit leicht zu erlernen und zeigt sofortige Effektivität.

"Der Worte sind genug gewechselt, lasset uns nun
endlich Taten sehen!"
(J.W. von Goethe; *"Faust"*)

Sie finden auf den folgenden Seiten die fünf Grundübungen des MTT und einige zusätzliche Übungen.

Das gemeinsame Prinzip aller Übungen ist folgendes:

- Ruhig und regelmäßig über die gesamte Übungszeit durchatmen.
- Die betreffenden Muskeln konzentriert und sehr kräftig anspannen.
- Die gegenläufigen Entspannungsbewegungen vollständig und ohne Hast durchführen.
- Die Wirkung der Übungen im Sinne einer Erfolgskontrolle prüfen.

Jede Übungsbeschreibung ist aufgeteilt in fünf Abschnitte:

- Übungsziel
- Anspannungsphase
- Entspannungsphase
- Erfolgskontrolle
- Anwendungsbeispiele

King Kong

Die in dieser Übung geforderte Armhaltung
mag an den legendären Riesenaffen erinnern,
deshalb nennen wir die erste Übung "King
Kong".

Übungsziel

Diese Übung ist die leichteste der fünf Grundübungen und bietet sich als "Einstieg" an. Zunächst entspannt sie die Muskulatur beider
Arme und fördert deren Durchblutung. Sie
wirkt insgesamt entspannend und beruhigend
und kann auch aufkommende Aggression (z.B.
im Stress) verarbeiten.

Anspannungsphase

Die Arme werden angewinkelt vor die Brust gehalten, die Hände berühren sich nicht, die Augen sind locker geschlossen. Die Hände werden zu Fäusten geballt und möglichst schnell immer kräftiger angespannt. Die Fäuste müssen so kräftig angespannt werden, dass Fäuste, Unterarme und Oberarme zu zittern beginnen.

Dabei ruhig und regelmäßig durchatmen!
Spannen Sie die Muskeln so kräftig an, bis nahezu Ihre Schmerzgrenze erreicht ist.

Entspannungsphase

Jetzt lassen Sie los! Lassen Sie die Arme und Hände einfach herabfallen. Die gesamte Armmuskulatur ist jetzt ganz locker. Atmen Sie weiter ruhig ein und aus. Genießen Sie das Gefühl von Schwere und Wärme in Ihren entspannten Armen.

(Übrigens; Wenn Sie keine kurzgeschnittenen Fingernägel haben, umfassen Sie lieber einen Gegenstand -wie z.B. Holzbauklotz, Stein etc.)

Erfolgskontrolle

Vielleicht haben Sie gemerkt, dass es nicht so einfach ist, durchzuatmen und gleichzeitig die Muskeln zu spannen. Ist Ihnen "die Luft ausgegangen"? Oder haben Sie geatmet, dabei aber die Spannung wieder leicht losgelassen ? Falls ja, beschäftigen Sie sich etwas mit dieser ersten Übung und trainieren die richtige Atmung dabei. Oder haben Sie die Fäuste nicht kräftig genug gespannt? Der Erfolg tritt nur bei maximaler Anspannung sehr deutlich ein.

Wenn Sie alles richtig gemacht haben (also kräftig gedrückt und dabei gut durchgeatmet), dann spüren Sie in der Entspannungsphase, wie das Blut in die entspannte Muskulatur strömt, wie schwer sich die Arme anfühlen und wie warm die Hände werden, bis in die Fingerspitzen hinein.

Anwendungsbeispiele

- bei "innerer Anspannung", Nervosität (z.B. vor einem schwierigen Gespräch, im alltäglichen "Bürostress" etc.)
- bei kalten Händen (z.b. beim Winterspaziergang oder bei niedrigem Blutdruck)
- für "Armsportler" (Tennisspieler, Ruderer, Kanuten, Golfer, Schützen etc.)
- bei allen Situationen, in denen eine schnelle und effektive körperliche Entspannung gewünscht ist...

Quasimodo

Sie kennen den Roman von Victor Hugo "*Der Glöckner von Notre Dame*" oder eine seiner Verfilmungen? Sein Name war Quasimodo, er hatte einen Buckel und viel Gemüt. Die Körperhaltung dieser zweiten Übung erinnert an ihn. Vielleicht achten Sie deshalb darauf, diese Übung nicht gerade in der Öffentlichkeit durchzuführen. Unaufgeklärte Außenstehende könnten Sie missverstehen...

Übungsziel

Nach meiner Meinung ist "Quasimodo" eine der wichtigsten und effektivsten Übung. Sie erreicht mehrere Ziele:

* die Sauerstoffversorgung des Gehirns wird verbessert
* alle Arten von Verspannungskopfschmerz werden im Nu gelöst
* Verspannungen der Nackenmuskulatur werden gelindert oder beseitigt und die Übung
* erfrischt und macht wach

Allerdings ist sie auch die schwierigste der fünf Grundübungen. Achten Sie deshalb darauf, dass Sie den Anleitungen besonders genau folgen.

Anspannungsphase

Winkeln Sie die Arme an und lassen Sie die Hände locker hängen. Schließen Sie die Augen und atmen Sie ruhig durch. Ziehen Sie nun die Schultern hoch, als ob Sie damit Ihre Ohren erreichen wollten. Schieben Sie den Kopf nach hinten zurück (nicht nach oben !) und konzentrieren Sie sich auf das "Polster", das sich im Nacken bildet.

Drücken Sie nun diese "Nackenrolle" zwischen Hinterkopf und dem Schulter-Nacken-Bereich kräftig zusammen, so als ob Sie dieses "Polster" zusammenpressen wollten. Atmen Sie dabei tief durch! Drücken Sie so kräftig, dass der Kopf zu vibrieren beginnt. Halten Sie aber auf gar keinen Fall die Luft an!!

Entspannungsphase

Lassen Sie jetzt die Schultern völlig herabsinken und den Kopf so weit nach unten fallen, dass das Kinn das Brustbein berührt. Machen Sie dieses "Fallenlassen" in einer einzigen, fließenden Bewegung, ohne zwischendurch anzuhalten.

Atmen Sie ruhig und regelmäßig weiter. Ohne das Kinn von der Brust zu nehmen, versuchen Sie nun das rechte Ohr auf die rechte Schulter zu legen, danach das linke Ohr auf die linke Schulter, ohne dabei die Schultern oder das Kinn hochzuheben. So dehnen sich - deutlich spürbar- die Sehnen, die vom Ohr zur Schulter gehen. Also nicht das Kinn hin und her bewegen, sondern den Kopf zur Seite dehnen.

Atmen Sie ruhig und regelmäßig und genießen Sie die Entspannung eine kleine Weile.

Erfolgskontrolle

Wenn Sie bemerken, dass der gesamte Nackenbereich so warm ist, als ob Sie gerade massiert worden seien, und Sie fühlen sich dabei entspannt und wohl, dann haben Sie alles richtig gemacht. Sollten Sie dagegen Druck im Kopf spüren oder Wärme, dann haben Sie wohl die Luft angehalten oder nicht tief genug geatmet. Wärme im Nacken, aber Frische im Kopf, das ist der zu erwartende Effekt.

Oder spüren Sie jetzt erst recht Verspannungen im Nacken ? Dann haben Sie vermutlich den Kopf bei der Entspannung nicht weit genug heruntergenommen, oder bei dieser Bewegung angehalten.

Wer sehr starke Verhärtungen ("Myegelosen") im Nacken hat, bei dem hat die Übung nicht beim ersten Mal den gewünschten Erfolg. Hier heißt es, regelmäßig üben, denn Quasimodo kann auch allmählich Verhärtungen abbauen.

Anwendungsbeispiele

- bei Verspannungskopfschmerzen
- bei nachlassender Konzentration
- bei Verkrampfung und Erschöpfung
- bei verspanntem Nacken
- als Ergänzung zu allen sportlichen Betätigungen (es gibt kaum eine Sportart, die so gezielt die Nackenmuskeln entspannt...)
- Nach langer Bildschirmarbeit, denn dabei werden oft stundenlang die Schultern hochgezogen und damit die Nackenmuskulatur auf Dauer verkürzt

Panzer

Bei vorwiegend sitzender Tätigkeit sind Verspannungen der Brust- und Rückenmuskulatur an der Tagesordnung. Häufig werden diese Verspannungen chronisch und können langfristig zu Belastungen für Wirbelsäule und Bandscheiben werden.

Übungsziel

Der "Panzer" löst Verspannungen vornehmlich im Brustbereich ("Pectoralis-Muskulatur"), aber auch bestimmte Bereiche der Rückenmuskeln werden erreicht. Diese Übung hat noch einen zweiten Effekt: sie regt den Kreislauf an, ohne ihn zu belasten. Durch die allgemeine Entspannung weiten sich die Blutgefäße, mehr rote Blutkörperchen (und damit mehr Sauerstoff) gelangen in die Gefäße, Stauungen lösen sich, die Durchblutung wird verbessert, der Kreislauf auf natürliche Weise aktiviert.

Anspannungsphase

Bevor wir mit der eigentlichen Übung beginnen, müssen wir uns vergewissern, dass wir auch die "richtigen" Muskeln anspannen. Hierzu gibt es einen einfachen Test: Fassen Sie mit der linken Hand in die rechte Achselhöhle. Versuchen Sie, den Muskel zu ertasten, der von der Achselhöhle zur Brust reicht. Stellen Sie sich vor, sie müssten in der Achselhöhle einen Tennisball festklemmen. Spannen Sie den Muskel so an, als ob der Tennisball da wäre.

Wird der Pectoralismuskel hart? Dann ist es richtig. Diese Anspannung muss nun von beiden Seiten erfolgen. Sie ahnen, dass die Atmung schwierig wird, wenn beide Brustmuskeln wie ein Brust-Panzer angespannt sind. Atmen Sie daher bewusst in den Bauch (Zwerchfell-Atmung), ohne den Oberkörper zu dehnen. Setzen Sie sich gerade hin, winkeln Sie die Arme an (bei leicht geöffneter Achselhöhle -denken Sie an diesen imaginären Tennisball!) und atmen Sie ruhig in den Bauch. Spannen Sie jetzt kräftig die Brustmuskeln an, so fest es geht und halten Sie diese Spannung mehrere Atemzüge lang durch.

Entspannungsphase

Lassen Sie jetzt alle Spannung los, lassen Sie sich locker ins Kreuz fallen. Ihre Arme hängen entspannt nach unten. Heben Sie jetzt die Arme ein- oder zweimal an, um die Achselhöhle zu öffnen (Jetzt würde der imaginäre Tennisball herausfallen). Lockern Sie Ihre Schultergelenke.

Erfolgskontrolle

Wenn Sie gut geatmet und kräftig angespannt haben, ist Ihnen jetzt warm. Der gesamte Kreislauf ist aktiviert, Sie spüren die Wärme wie ein breites Band um den Oberkörper; die Wärme kommt von innen und geht bis in die Arme und Hände.

Wenn Sie Druck im Kopf spüren, haben Sie wahrscheinlich die Luft angehalten, und sollten etwas Zeit in das Training der richtigen Atmung investieren.

Anwendungsbeispiele

- bei allen Verspannungen im Oberkörper
- bei "Seitenstechen" und ähnlichen Verkrampfungen
- nach langen sitzenden Tätigkeiten
- zur Aktivierung des gesamten Kreislaufsystems
- zum "Aufwärmen" beim Training
- bei Kälteempfindungen

Siegfried

Ähnlich wie der "Panzer" ist auch "Siegfried" für alle zu empfehlen deren Arbeitsalltag vorwiegend im Sitzen gestaltet wird.

Aus der Nibelungensage wissen wir, dass die wunde Stelle des Wormser Helden Siegfried genau zwischen den Schulterblättern lag. Auf diese Stelle konzentrieren wir uns...

Übungsziel

Diese Übung hat -neben der positiven Wirkung für die Rückenmuskeln- einen vorbeugenden Effekt und kann Haltungsschäden verhindern.

Anspannungsphase

Setzen Sie sich gerade und winkeln Sie die Arme an. Nehmen Sie nun die Schulterblätter so weit nach hinten, als wollten Sie einen Bleistift zwischen Ihren Schulterblättern einklemmen. Atmen Sie dabei tief durch und versuchen Sie, die Schulterblätter zusammen zu drücken, bis ein kleiner Schmerz in der Mitte des Rückens entsteht. Legen Sie dabei den Kopf leicht nach vorne. Nun drücken Sie noch die Ellenbogen nach hinten zusammen: die Stelle, die schmerzt, scheint noch ein Stückchen länger zu werden. Halten Sie diesen Schmerz eine kleine Weile aus.

Entspannungsphase

Lassen Sie Ihre Arme jetzt mit Schwung nach vorne fallen. Schultern und Kopf lassen Sie locker hängen. Mag sein, dass der Arm-

schwung Sie durch den kurzen Schmerz auf-
stöhnen lässt...

Umfassen Sie jetzt mit gefalteten Händen Ihr
Knie, lassen die Arme gerade und ziehen Sie
mit dem Knie die Schultern wieder straff als
wollten Sie die "Bügelfalte" im Rücken wieder
glatt ziehen (mit dem Knie gegen die Hände
drücken)! Dies machen Sie einmal mit jedem
Knie.

Erfolgskontrolle

Die Stelle, die während der Anspannungsphase weh tut, ist jetzt ziemlich warm. Der gesamte Bereich der Schultern und Rückenmuskulatur wird jetzt allmählich locker und wärmer.

Allerdings spüren Sie deutlich den Unterschied zwischen entspannter Rücken- und angespannter Nackenmuskulatur (die ja durch Siegfried nicht erreicht wird). Daher ist es sinnvoll und notwendig, anschließend an die Übung Siegfried die Übung Quasimodo durchzuführen, damit Rücken, Schultern und Nacken gleichermaßen entspannt sind.

Anwendungsbeispiele

- bei Verspannungen im Rücken
- nach längeren Autofahrten oder sitzender Arbeit
- zur Haltungsverbesserung
- bei Müdigkeit

Flitzebogen

Die Übung wird im Liegen durchgeführt, die Körperhaltung während der Anspannungsphase entspricht einem "Flitzebogen".

Übungsziel

Der Flitzebogen bewirkt eine allgemeine Muskelentspannung und Kreislaufanregung. Darüber hinaus führt die Entspannungsphase zu einer Lockerung der Lendenwirbelsäule, was einen günstigen Einfluss auf die Bandscheiben hat.

Anspannungsphase

Legen Sie sich flach auf den Rücken. Benutzen Sie keine Kissen oder Polster, der Teppichboden genügt. Die Beine sind gestreckt, die Arme liegen neben dem Körper. Atmen Sie ruhig und regelmäßig. Stellen Sie sich vor, Sie hätten zwischen Ihren Pobacken ein Geldstück stecken und Ihre Aufgabe sei: das Geldstück muss seine Prägung verlieren. Alles klar?

Pressen Sie also die Gesäßmuskulatur kräftig zusammen. Spannen Sie dann noch Waden und Oberschenkel an. Atmen Sie dabei! Gehen Sie nicht in die "Brücke", Ihr Gesäß hat auch bei höchster Anspannung noch Bodenberührung. Atmen Sie tief durch und halten Sie die Anspannung eine Weile auf dem Höchststand.

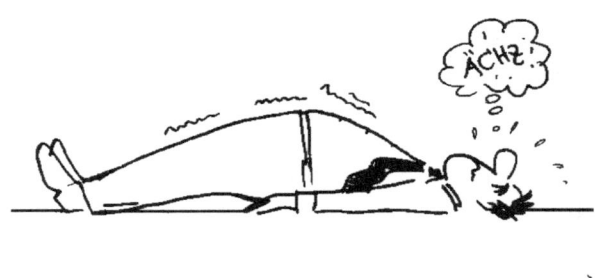

Entspannungsphase

Lassen Sie nun alle Verspannungen los. Ziehen Sie die Beine an, umarmen Sie Ihre Knie und rollen Sie jetzt mehrmals langsam rund über Ihr Kreuz. Drücken Sie dabei die Wirbel gegen den Boden. Dies ist besonders hilfreich, um einem "Hohlkreuz" entgegen zu wirken.

Erfolgskontrolle

Wenn die Übung gelungen ist, fühlen Sie sich angenehm entspannt und locker im Kreuz. Manchmal treten Krämpfe in den Waden auf. Beachten Sie deshalb die Haltung Ihrer Füße: strecken Sie die Zehen nicht zu stark nach unten oder nach oben!

Anwendungsbeispiele

* zur allgemeinen Entspannung und Lockerung
* bei Kreuzschmerzen
* zur Haltungsverbesserung
* zur gezielten Entspannung der Wirbelsäule

Zusätzliche Übungen

Mit den vorher beschriebenen 5 Grundübungen ist das Muskuläre Tiefentraining noch lang nicht am Ende. Das **Prinzip** im Übungsaufbau kennen Sie: die verspannte Muskulatur noch mehr und noch kräftiger anspannen, danach völlig entspannen und lockern. Das Problem dabei ist die richtige Atmung: also trainieren Sie das regelmäßige tiefe Durchatmen während der Anspannung.

Das Muskuläre Tiefentraining lässt sich für die gesamte „willkürliche" Muskulatur (also für alle Muskeln außer dem Herzmuskel, den Blutgefäßen und der Muskulatur des Magen-Darm-Traktes) anwenden.

Es besteht für Sie die Möglichkeit, je nach Bedarf (unter Beachtung des genannten Prinzips) für jeden Muskel der willkürlichen Muskulatur eine MTT-Übung zu erfinden! Seien Sie so kreativ und phantasievoll, wie es Ihnen Spaß macht!

Im Folgenden finden Sie drei Vorschläge, die nur Beispiele sind. Diese ließen sich noch lange fortsetzen...

Die erste MTT-Übung funktioniert übrigens nicht nur mit den Händen! Es geht auch mit den Füßen. Dazu haben Sie zwei Möglichkeiten:

(a) im Sitzen:

Heben Sie einen Fuß vom Boden und verspannen Sie den Fuß so, als wollten Sie „eine Faust" machen (Zehen ganz fest in Richtung Ferse!). Atmen Sie dabei regelmäßig durch. Danach lassen Sie alle Anspannung los und lockern Bein und Fuß. Wiederholen Sie die Übung mit dem anderen Fuß.

(b) im Stehen:

Die gleiche Übung funktioniert auch im Stehen. Schwierig wird hierbei die Entspannung. Hier wechseln Sie einfach vom „Standbein" (während der Anspannung) zum „Schwungbein" (beim Entspannen und Lockern des Fußes).

Die Übung fördert die Durchblutung in Beinen und Füßen (besonders angenehm im Winter!).

BEISPIEL 2: WADENKRAMPF

Krämpfe in den Waden sind meist sehr schmerzhaft. Mit MTT sind sie aber zu beseitigen. Setzen Sie sich hierzu auf einen Stuhl. Spannen Sie die verkrampfte Wade so kräftig an wie Sie nur können (das geht am besten, indem Sie versuchen, die Zehen zu strecken und zu spreizen. Der Fuß bleibt dabei mit voller Sohle auf dem Boden stehen). Atmen Sie tief durch. Lassen Sie dann alle Spannung los und lockern Sie die Wadenmuskulatur durch Schütteln des Fußes.

BEISPIEL 3: GAUMEN

Bei dieser Übung trainieren Sie die Muskeln, die Sie sonst nur selten anspannen. Es handelt sich um die Muskulatur des Gaumens und des Mundbodens. Stellen Sie sich vor, Sie hätten etwas zwischen den Zähnen liegen, das Sie daran hindert, die Zähne zusammenzubeißen, obwohl Sie es mit aller Kraft versuchen. Zu kompliziert? Es geht darum, die Zähne zusammenzubeißen, ohne dass sie sich berühren. Bei diesem paradoxen Muskelspiel spüren Sie eine deutliche Verspannung im Gaumen und eine Verhärtung des Muskels unter der Zunge. Wenn Sie sich selbst unters Kinn fassen, spüren Sie die Härte dieser Muskulatur.

Wenn Sie die Zähne wirklich zusammenbeißen, dann sind es die Kiefermuskeln, die angespannt werden. (aber Vorsicht: dann müssen Sie sehr gute Zähne haben). Wenn Sie die Gaumenübung machen, dann berühren sich die Zähne dagegen nicht.

Diese drei Beispiele sollen als Anregung dienen. Erfinden Sie neue, eigene MTT-Übungen!!

AUTOGENES TRAINING
(AT)

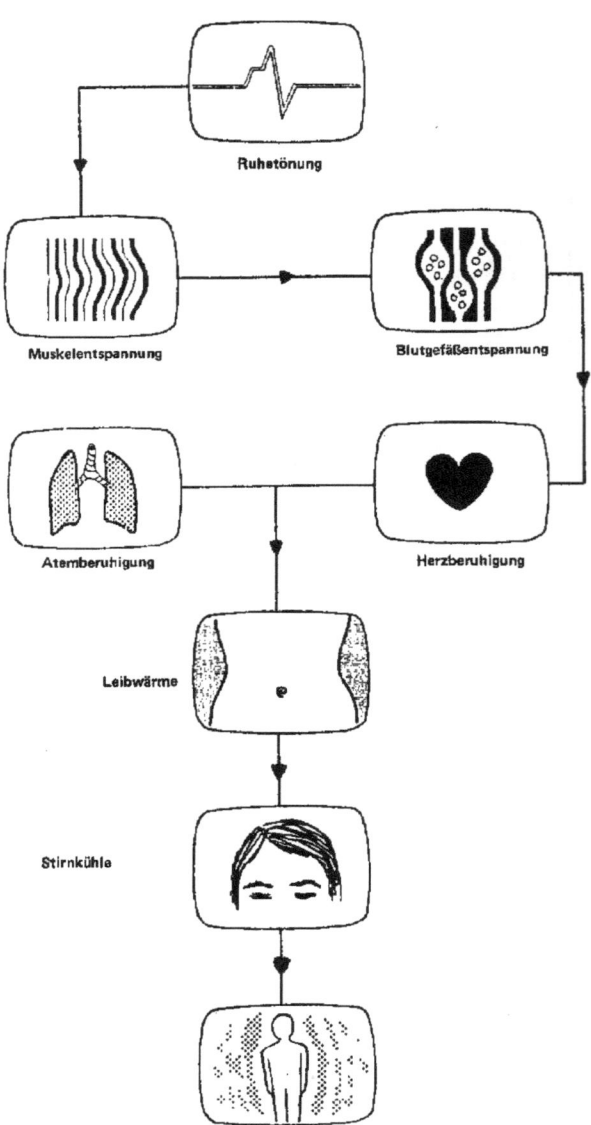

Ruhetönung

Muskelentspannung

Blutgefäßentspannung

Atemberuhigung

Herzberuhigung

Leibwärme

Stirnkühle

Was ist Autogenes Training?

Das alt-griechische Wort "autogen" heißt wörtlich übersetzt "selbsterzeugend". Autogenes Training bedeutet: selbsttätiges, systematisches Üben.
Nahziel dieses Übens ist eine konzentrative Selbstentspannung durch konzentrative Selbstversenkung. Das Autogene Training wird auch als *"Yoga des Westens"* bezeichnet.

Autogenes Training besteht aus drei Elementen: der Unterstufe (6 Konzentrationsübungen), der formelhaften Vorsatzbildung (Autosuggestion) und der autogenen Imagogik (meditatives Erleben).
Das autogene Training ist die Entdeckung der heilsamen, positiven Reaktionen des Organismus, die systematisch eingeübt werden können. Entwickelt wurde das autogene Training von **Johannes Heinrich Schultz (**1884-1970), Nervenarzt, Professor in Jena und Direktor des Berliner Instituts für Psychologie, der es 1932 erstmals veröffentlichte. Es folgten über 400 Zeitschriftenartikel und Fachbücher alleine von ihm. Die Sekundärliteratur ist nahezu unüberschaubar.

Die Ziele des Autogenen Trainings sind körperliche und geistige Gesundheit durch Gelassenheit; ökonomisches Einsetzen von psychischer Energie durch Konzentration, was zur Steigerung der Leistung und des Selbstbewusstseins führt. Es unterstützt die Persönlichkeitsentwicklung durch das stetige Wachsen einer positiven Einstellung zum Ich, welches auf die Dauer Schweres leichter macht, Lebensmut und Realitätsbewusstsein erhöht. Um diese anspruchsvollen Ziele erreichen zu können, ist es notwendig, dass Sie die Grundübungen des Autogenen Trainings beherrschen und dass Sie die Tendenz zur Selbstheilung, die wir infolge unserer jahrtausendelangen Entwicklung teilweise verlernten, wiederfinden.

Ihr Körper versucht immer, krankmachende Einflüsse abzuwehren, und wenn das nicht möglich ist, dieses so gut wie möglich auszugleichen. Das Autogene Training geht von der Grundannahme aus, dass der Organismus prinzipiell die Tendenz hat, "gesund" zu bleiben, d.h. reibungslos zu funktionieren. Unterliegt der Organismus jedoch ständig krankmachenden Faktoren (wie z.B. Stress, private Konflikte, Sorgen, Ängste, usw.), so wird die Fähigkeit zur Abwehr oder zum Ausgleich überfordert. Diesen Selbstregulationsmechanismus zu unterstützen, ist Aufgabe des Autogenen Trainings.

Die 6 Grundübungen der Unterstufe haben folgende Teilziele:

Vorübung: Innere Ruhe (*Ruhetönung*)
1 . Gliederschwere (*Schwereübung*)
2. Wärmeempfindungen (*Wärmeübung*)
3. Herzberuhigung (*Herzübung*)
4. Atemberuhigung (*Atemübung*)
5. Leibwärme (*Sonnengeflechtsübung*)
6. Stirnkühle (*Konzentrative Kopfübung*)

Sie werden in drei Phasen eingeteilt mit den Zielen Entspannung, Ökonomisierung und Vitalisierung.

⦿ Phase 1: "Ruhetönung" + "Schwereübung" + "Wärmeübung" = **Entspannung** (von Nerven, Muskeln, Kreislauf)

zur Vorübung: Die Ruhetönung ermöglicht eine tiefe Entspannung der Nerven, innere Ruhe, Abschalten können.

zu 1.: Der Schwerempfindung entspricht einer messbaren Entspannung der Muskulatur. Sobald unsere Glieder nicht mehr durch Muskelspannungen gehalten werden und locker in den Gelenken hängen, bekommen wir ein Gefühl für ihr Eigengewicht.

zu 2.: Den Wärmeempfindungen entsprechen Entspannung und Mehrdurchblutung der Blutadern, die zuvor durch Muskelverspannungen verengt waren. Durch Reduzierung dieser Widerstände entlasten nun die entspannten Adern spürbar den Kreislauf.

● Phase 2: "Herzübung" + "Atemübung" = **Ökonomisierung** (von Herztätigkeit und Atmung)

zu 3.: Die Empfindung des ruhigen Herzschlages ist Ausdruck einer Ökonomisierung der Herzarbeit mit Verlangsamung der Herzschlagfrequenz und verbesserter Pumpleistung bei Sauerstoffeinsparung und vermindertem Energieaufwand.

zu 4.: Die Beruhigung der Atmung durch Schonung der willkürlich betätigten Atemhilfsmuskulatur und Einschaltung der passiven Bauchatmung wird eingeübt.

⊙ Phase 3: "Sonnengeflechtsübung" + "Konzentrative Kopfübung" =**Vitalisierung** (Erhöhung des Lebensgefühls und der Leistung)

zu 5.: Durch die Sonnengeflechtsübung wird die Blutzirkulation aller Bauchorgane verbessert. Sobald sich Stauungen lösen, durchströmt den Leib eine wohltuende Wärme.

zu 6.: Durch Konzentration auf die Thermorezeptoren der Hautnerven im Stirnbereich erfolgt eine Wendung des Organismus nach außen. Die Stirn ist angenehm kühl.

Die in diesen sechs Stufen ablaufenden Umstellungen des Organismus vollziehen sich also logisch bzw. physiologisch und können durch Konzentrationsformeln in sechs Übungen erreicht werden. Es ist selbstverständlich, dass hier nicht sofort Erfolge zu erwarten sind. Jeder sollte bereit sein, täglich mindestens dreimal zwei Minuten in der Anfangszeit zu üben.

Die Liegehaltung

Es gibt drei bewährte Haltungen, zwei sitzende und eine liegende Haltung. Die sitzenden Haltungen werden später erklärt. Weil das Autogene Training im Liegen am leichtesten zu erlernen ist, wird diese Haltung zuerst beschrieben.

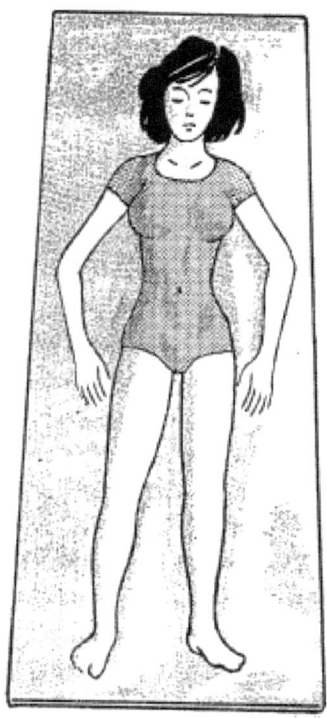

Man liegt (im Bett, auf der Couch, im Liege-stuhl, auf dem Boden oder auf einer Matte) entspannt auf dem Rücken. Der Nacken kann durch eine flache Kissenrolle unterstützt wer-den. Die Füße fallen locker auseinander, Fuß-spitzen nach außen. Zwischen beiden Hacken ist ein Abstand von wenigstens 10 cm. Die Arme liegen - in den Ellenbogen etwas einge-winkelt - neben dem Körper. Die Handinnen-flächen liegen locker und matt nach unten. Schultern und Nacken lockern! Auch die Ge-sichtszüge sollen entspannt sein. Die Augen sind locker geschlossen.

Vorbereitung:

Bevor wir uns entspannen können, versuchen wir, unsere 5 Sinne 'abzuschirmen'.
Alle Umwelteinflüsse werden soweit neutrali-siert, bis sie nicht mehr als störend empfunden werden. Vorbereitungen hierzu:

1. LICHTSINN: Der Raum, in dem wir üben, soll weder finster noch heil sein. Durch Schließen der Vorhänge dunkeln wir den Raum leicht ab.

2. GEHÖRSINN: Wir versuchen, Verkehrs-, Industrielärm, Kindergeschrei, Schreib-

maschinengeklapper usw. möglichst aus-
zuschalten. Wo dies nicht möglich ist,
versuchen wir, eine innere Distanz zu
diesen Geräuschen zu gewinnen.

3. GERUCHS-/GESCHMACKSSINN: Un-
gewohnte oder unangenehme Gerüche
behindern oft die Konzentration. Auch
Speisereste zwischen den Zähnen können
störend sein. Diese sind zu entfernen.
Das Zimmer soll gut durchlüftet sein.

4. TEMPERATURSINN: Der Übungsraum
darf nicht zu warm und nicht zu kalt
sein. Hitze macht schlapp, Kälte ver-
spannt.

5. TAST- und SCHMERZSINN: Die Kleidung
soll nicht beengen. Achten wir darauf,
dass die Kleidung vor dem Üben gelockert wird (Gürtel, Krawatte, oberster
Hemd- und Hosenknopf, usw.). Alle Gegenstände, die drücken oder einengen
können, werden abgelegt (Brille, Uhren,
Hosentascheninhalt etc.).

I. Phase: ENTSPANNUNG

Vorübung

Bevor wir mit der ersten Übung beginnen, brauchen wir innere Ruhe. Wir denken nicht mehr an das, was uns gerade wichtig erschienen ist, wir lassen die Umwelt weit zurück. Wir konzentrieren uns auf unseren Körper, "entschleunigen die Zeit und konzentrieren uns auf die Formel:

Ich bin vollkommen ruhig und gelassen.

Nicht immer gelingt das Abschalten auf Anhieb. Wir helfen uns mit unserer Phantasie: Wir stellen uns eine blühende Wiese im leichten Sommerwind vor, einen azurblauen Himmel, ein wogendes Kornfeld, eine leicht bewegte Meeresfläche, auf der wir im Sommer treiben, während uns die Sonne auf den Bauch scheint.

Erst wenn Sie den Eindruck haben, dass Sie innerlich ruhiger sind und -soweit es eben gerade möglich ist- „abgeschaltet" haben, beginnen Sie mit dem eigentlichen Üben.

Für jede Übung gibt es ein Übungsoptimum. Motto: Kurz und regelmäßig üben ist besser als lange und selten. Das ermittelte Übungsoptimum ist zwei bis fünf Minuten. Diese Zeit wird durch unsere *innere Uhr* überwacht.

 **Die innere Uhr:** Die meisten Menschen können ihre Zeit genau nach ihrer inneren Uhr einteilen. Man wacht damit zum richtigen Zeitpunkt pünktlich auf, ohne einen Wecker zu benötigen. Dank ihrer inneren Uhr verspäten sich viele Menschen weniger und kosten ihre Zeit besser und effektiver aus als andere, die immer gehetzt auf die Armbanduhr blicken müssen. Jeder kann diese innere Uhr,

die den biologischen Rhythmus regelt, im Autogenen Training wiederentdecken. Zum Einüben dieser biologischen Uhr brauchen Sie nur Ihre innere Uhr vor und nach der Übung mit der objektiven Zeituhr zu vergleichen. Auf diese Weise bekommen Sie ein sicheres Gefühl für Zeit.

1. Übung: Schwere

Wie bei allen Lernprozessen, so ist es auch im autogenen Training sinnvoll und notwendig, "klein" zu beginnen. Nahziel der Schwere-übung ist es, die Schwere, das Eigengewicht des eigenen Körpers bewusst wahrzunehmen und als angenehm zu empfinden. Dies gelingt nicht auf Anhieb. Um unsere - bisher wenig geübte - Konzentration nicht zu überfordern, beginnen wir mit dem Körperteil, der unser aktivster ist: dem rechten Arm (beim Links-händer dem linken Arm).

Wir konzentrieren uns auf das Eigengewicht, das unser Arm hat. Die Konzentrationsformel lautet:

Rechter Arm angenehm schwer.

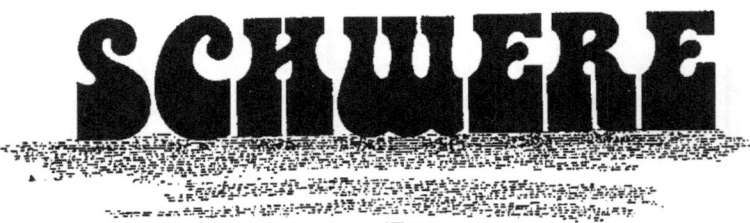

Wir stellen uns diese Formel rein geistig vor, ohne zu sprechen oder die Lippen zu bewegen. Es ist eine innere Stimme, welche die Formel in ruhigem, gleichmäßigem Takt während der zwei Minuten mehrmals wiederholt.

Geben Sie nicht der Versuchung nach, in Erwartung des Schweregefühls die Formel zu verändern in: "Der Arm wird angenehm schwer". Dies ist falsch, weil wir uns auf die tatsächliche Schwere konzentrieren wollen. Jedes Glied hat sein Gewicht, es muss ihm nicht erst zugedacht werden.

Da alle unsere Glieder und Organe durch das Nervensystem in der Schaltzentrale unseres Gehirns verbunden sind, geht das Schweregefühl nach kurzer Zeit des Übens auf den anderen Arm über ("Transfer") und macht sich nach einiger Zeit auch im ganzen Körper breit ("Generalisation"). Diese Erfolge stellen sich nicht bei jedem gleichzeitig ein. Deshalb ändern Sie für sich die Formel selbständig ab, sobald die jeweiligen Empfindungen eingetreten sind.

Bei Transfer: "*Beide Arme angenehm schwer*"; bei Generalisation: "*Ich bin angenehm schwer*".

Übungszeiten

Von nun an sollten Sie regelmäßig üben, und zwar dreimal täglich. Am besten morgens nach dem Erwachen, in einer Pause am Nachmittag und abends, evtl. vor dem Schlafengehen. Sie müssen also in den ersten Wochen täglich 15 Minuten Zeit für das Autogene Training freihalten.

Das Zurücknehmen:

Wenn zwei Minuten um sind, oder wenn Sie vorher abbrechen wollen, so muss die Übung zurückgenommen werden.

Wichtig! Das Zurücknehmen ist nach jedem Üben (am Ende aller Übungen, die Sie trainiert haben, nicht nach jeder einzelnen Übung!) erforderlich und soll nie unterlassen werden. Wenn Übungen nicht zurückgenommen werden, werden wir schlapp oder schlafen gar ein. Schwindelgefühle (schwarz vor den Augen) könnten dann auftreten. Wenn Sie die Übungen zum Einschlafen einsetzen(dazu eignen sich die Übungen der ersten Phase am besten)können Sie natürlich auf die Rücknahme verzichten...

Unter Zurücknehmen stellen wir uns das Erwachen eines Säuglings vor: Zuerst streckt und räkelt sich das Kind, dann kommt ein tiefer Schnaufer und die Augen öffnen sich. Wenn ein Kind so wach wird, lächelt es meistens. Wenn Kinder plötzlich die Augen öffnen, wirken sie oft verstört und weinen.

Die Rücknahmeformel, die nach Ablauf der zwei (inneren) Minuten automatisch vorgestellt werden soll, lautet:

Arm fest ! Tief atmen ! Augen auf !

Üben Sie das Zurücknehmen schwungvoll wie Morgengymnastik. Im Gegensatz zu der ruhigen Formel der Schwereübung ist die Rücknahmeformel bewusst ungleichmäßig im Rhythmus formuliert. Bei "Arm fest" werden die Arme mehrmals energisch gestreckt und gebeugt, dabei werden die Hände zur Faust geballt. Bei "Tief atmen" räkeln und strecken wir uns und gähnen herzhaft. Danach werden die Augen geöffnet. Die Rücknahmeformel nimmt die Entspannung zurück und bringt uns erholt und erfrischt in den Alltagstrubel zurück.

Das Zurücknehmen muss ebenso pünktlich und genau geübt werden wie jede andere Übung auch. Nur so kann sich eine zuverlässige Technik entwickeln.

2. Übung: Wärme

Die zweite Übung kündigt sich bei Vielen
schon durch Kribbeln, Prickeln, 'Ameisenlau-
fen' oder leichtes Jucken in den Fingerspitzen
oder Armen während der ersten Übung an.
Die Ursache ist eine vermehrte Blutzirkulation.
Nicht selten wird die Wärme als pulsierend
oder strömend empfunden. Sobald die Schwereübung - zumindest im Bereich eines Armes
gut gelingt, wird die zweite Übungsformel der
ersten 'angehängt'. Dies geschieht auch dann,
wenn noch keine Wärmeempfindungen be-
merkt wurden.
Die Übungsformel lautet:

Rechter Arm angenehm warm.

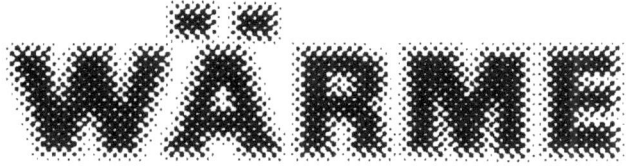

Sobald sich das Schwereerlebnis einstellt oder
sich Wärmeempfindungen schon von selbst an-
kündigen, lauten die zusammengefassten
Übungsformeln:

Ich bin vollkommen ruhig und gelassen
Rechter Arm angenehm schwer
Rechter Arm angenehm warm

Auch bei der Wärmeübung kommt es nach einigem Training zum Transfer und schließlich zur Generalisation. Die Übungsformeln können dann entsprechend geändert werden:

Bei Transfer:
Beide Arme angenehm schwer.
Beide Arme angenehm warm.

Bei Generalisation:
Ich bin angenehm schwer und warm.

Wichtig! Niemals darf statt der Vorstellung "Wärme" die Vorstellung "Hitze" aufkommen! Falls die Wärmeempfindung in unangenehme Hitzegefühle übergehen sollte, empfiehlt sich die Formel:
Die Wärme verteilt sich angenehm im Körper

Allgemein gilt: Bei leichten Störungen von innen oder außen immer wieder die Ruhetönungsformel einblenden.

Unabhängig vom Übungserfolg wird am Ende die Übung mit der Rücknahmeformel zurückgenommen.

Die Lehnstuhl-Haltung:

Am günstigsten ist ein Ohrensessel mit hoher Lehne und Kopfpolster. Der Rücken soll sich bequem anlehnen, die Seitenlehnen weich sein, damit die Unterarme ohne Druck aufliegen können. Die Ellenbogen werden dabei leicht eingewinkelt, die Füße stehen mit der ganzen Sohle auf dem Fußboden, leicht nach außen gewinkelt, ohne einander zu berühren. Die Knie fallen dabei leicht nach außen.

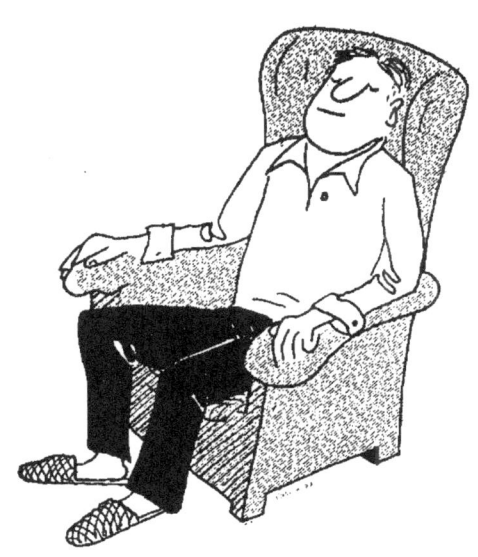

Die Droschkenkutscher-Haltung:

Wie der Name schon sagt, handelt es sich um die typische Haltung des Droschkenkutschers, der übermüdet auf seinem Bock sitzt. Abgespannte, erschöpfte, übermüdete Menschen sitzen in dieser völlig entspannten, kraftlosen Haltung. Diese Haltung ist zweckmäßig, wenn lediglich Hocker oder Bänke zur Verfügung stehen. Auf dem vorderen Teil der jeweiligen Sitzgelegenheit lässt man sich nach vorherigem Strammsitzen derart in sich zusammensacken,

dass Rücken und Kreuz rund sind und Arme und Hände, ohne den Oberkörper abzustützen, locker zwischen die gespreizten Knie fallen und der Leib nicht mehr als nötig gedrückt wird. Die Hände sollen sich nicht berühren, den Kopf lässt man einfach hängen.

Welche der Haltungen Sie auch wählen, es ist wichtig, dass die richtige Haltung niemals durch verkrampftes Zusammennehmen, sondern immer nur durch Lockern und sich Lösen von innen heraus erreicht wird.

II. Phase: ÖKONOMISIERUNG

3. Übung: Herzübung

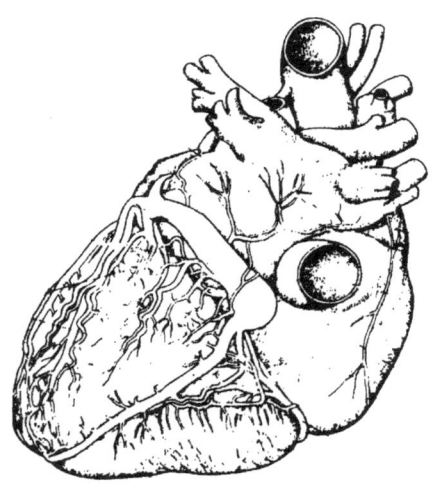

Die dritte Übung ist die Herzübung. Es ist er-
staunlich, wie viele Menschen ihr Verhältnis
zum Herzen problematisieren. Auf Grund
falsch verstandener Information beobachten sie
ängstlich ihren Herzschlag und sind irritiert,
wenn sie ihn spüren. Dies ist offenbar eine
Zeiterscheinung. Herzempfindungen wurden
vor 100 - 200 Jahren von unseren Vorfahren
nicht nur geschätzt, sondern auch besungen.
Man denke an die vielfältigen Gedichte, in de-

nen der Herzschlag als angenehmes, lustvolles Empfinden, als fühlendes, pochendes Herz beschrieben wurde. Diese akzeptierende und unverkrampfte Beziehung zum eigenen Herzen sollten wir wiedergewinnen. Unser Herz ist kein Organ, das nur darauf wartet, uns mit einem Infarkt zu überraschen, sondern ein zentraler Pumpmotor, der ein Leben lang eine erstaunliche Leistung vollbringt.

Funktionell stellt das Herz eine kontinuierlich arbeitende Druck- und Saugpumpe dar. Kontraktion (Systole) und Erschlaffung (Diastole) wechseln in einer exakten zeitlichen Abfolge. Das Minutenvolumen beträgt beim Erwachsenen in Ruhe 4 - 6 Liter, bei schwerer Arbeit 30 - 35 Liter Pumpleistung.
Der Starter für den Herzmotor ist das Erregungsbildungs- und Erregungsleitungssystem, der *Herzautomatismus*. Darunter versteht man die Fähigkeit des Herzens, eigenständig rhythmisch tätig zu sein. Schrittmacher ist der Sinusknoten, ein primäres Automatiezentrum, das die Kontraktion zunächst der Vorkammern und dann der gesamten Kammermuskulatur bewirkt. Das Zentralnervensystem kann über vegetative Nervenendigungen (Herznerven) die Tätigkeit des Herzens beeinflussen: Der Nervus Vagus vermindert, Äste des Nervus Sympathikus steigern die Herzschlagfrequenz.

Im Autogenen Training üben wir, diese beiden Nervennetze zu beeinflussen. Die Herzübung ist die konsequente Fortführung der Gefäßentspannung (Wärmeübung). Dementsprechend spüren auch viele schon bei der Wärmeübung zwar nicht sofort ihr Herz selbst, wohl aber das, was das Herz tut - den Pulsschlag.

Die Entdeckung des Pulsschlages, ganz gleich wo oder wann er zuerst erlebt wird, ist ein Signal dafür, dass der Körper zur dritten Übung bereit ist.

Mein Herz schlägt ruhig,
kräftig und regelmäßig.

Mit dieser Formel konzentrieren wir uns auf unseren Herzschlag. Wichtig beim Üben ist: Wir dürfen niemals versuchen, den Schlag des Herzens bewusst zu verlangsamen! Mit der Übungsformel konzentrieren wir uns auf das ruhige, kräftige, rhythmische Schlagen des Herzens. Wenn wir lange genug geübt haben, werden wir merken, dass sich unsere innere Stimme, welche die jeweiligen Übungsformeln ständig wiederholt, dem Herzrhythmus angepasst hat.

4. Übung: Atemübung

Ein Phänomen unserer atemlosen, hastigen Zeit hat ein origineller Arzt einmal als "Angina temporis" bezeichnet: Zeit-Enge.

Oft wird unter dem Stress, immer mehr leisten zu wollen, die Gesundheit leichtsinnig aufs Spiel gesetzt. Dies ist eine Verhaltensweise, bei der man buchstäblich *außer Atem* gerät, und sich eine Verschnaufpause wünscht, die meistens auf eine Zigarettenpause reduziert wird. Die Zigarette dient vielen dazu, Probleme hinunterzuziehen oder überhaupt tief zu atmen. Im Spannungsfeld hektischer Leistung und der Einsicht, dagegen etwas tun zu müssen, atmen viele Menschen unbewusst unregelmäßig, unnatürlich und verkrampft. Das führt zu überschießendem Kräfteverbrauch, zu einer unökonomischen Tätigkeit des Organismus. Diese Verschwendung von Energie zieht bald unangenehme Konsequenzen für den Kreislauf nach sich.

Im autogenen Training wird durch Muskelentspannung, Blutgefäßentspannung und Herzberuhigung eine innere Entkrampfung und Lösung systematisch erarbeitet. Wie sich die Schwere und Wärme vom Übungsarm auf die anderen Gliedmaßen und den gesamten Körper von selbst ausbreitet, so wird auch die Atmung vollautomatisch beruhigt, ökonomisiert. Jede absichtliche Änderung der Atmung ist eine Störung, denn sie würde ja Spannung und Willkür bedeuten. Die natürliche Atmung wird auch *Bauchatmung* genannt, da sie durch das Senken und Heben des Zwerchfells erfolgt. Nur bei sehr hohem Sauerstoffbedarf (z.B. beim Sport) wird die Atemhilfsmuskulatur eingesetzt, die den Brustkorb dehnt. Nur wenn sich auf Grund von Eitelkeit (dicker Bauch ist unschön!) oder Modetrends (z.B. hautenge Jeans) der Bauch nicht ausdehnen darf, kann das Zwerchfell nicht nach unten ausweichen und der Organismus ist gezwungen, die Atemhilfsmuskulatur einzusetzen. Auf diese Weise haben sich viele Menschen eine unnatürliche Atmung antrainiert. In der Atemübung lernen wir, wieder vollautomatisch zu atmen, d.h. ohne willkürlich irgendwelche Muskeln anzuspannen.

Die natürliche Fortsetzung der vorausgegangenen Muskel- und Blutgefäßentspannung sowie der Herzberuhigung ist eine ökonomische Atmung. Durch die Ruhigstellung unseres Körpers verbrauchen wir weniger Energie und können die Atmung von selbst kommen lassen.

Je unbefangener dabei geübt wird, desto natürlicher wird die Atmung.

Die Übungsformel lautet:

Atmung ganz ruhig - es atmet mich

Bei dieser Formulierung ist es wichtig zu beachten, dass nicht ICH atme, sondern ES atmet in mir. Hierbei muss man nichts tun, denn die natürliche Atmung funktioniert vollautomatisch. Manche Übende haben Schwierigkeiten, weil sie bemerken, dass der Rhythmus von Herzschlag und Atmung unterschiedlich ist. Dies ist kein Grund zur Beunruhigung. Dieser Zusammenhang von Herztakt und Atemrhythmus ist mit Sicherheit natürlich und in Ordnung.

Schon bei der Atemübung macht sich manchmal eine stärkere Einspeichelung im Mund bemerkbar. Sie ist ein gutes Zeichen dafür, dass auch die Verdauungsorgane sich entkrampfen, denn jede Verdauung beginnt mit der Einspeichelung im Mund. Auch die Entspannung sämtlicher Bauchorgane kann systematisch geübt werden. Dies wird in der nächsten Übung gelernt.

Zusammenfassung der ersten beiden Phasen:

Inzwischen sind Ihnen, wenn Sie regelmäßig und stetig geübt haben, die Elementarübungen in Fleisch und Blut übergegangen. Sie können nun die Formeln der Ruhetönung, die 1. und die 2. Übungsformel in einer einzigen Formel zusammenfassen:

Ich bin vollkommen ruhig, schwer und warm

Wenn Sie mit der Herzübung und der Atemübung ebenfalls gut zurechtkommen, so ist es zu empfehlen, alle diese Übungen in einem durchzuführen. Üben Sie täglich dreimal, nach einer gewissen Zeit werden Sie spüren, dass die Empfindungen allmählich ineinander übergehen. Für alle vier Übungen empfiehlt sich die Kurzformel:

Ruhe
Schwere
Wärme
Herz und Atmung ruhig

III. Phase: VITALISIERUNG

5. Übung: Sonnengeflechtsübung

Die 5. Übungsformel beinhaltet das Sonnengeflecht (lat.= Plexus solaris). Man versteht darunter die netzartige, zentrale Vereinigung von
Bauchnerven zu einem sonnenartigen Geflecht,
das als größter Lebensnervenknoten des Leibes
im Oberbauch unterhalb des Zwerchfells liegt.

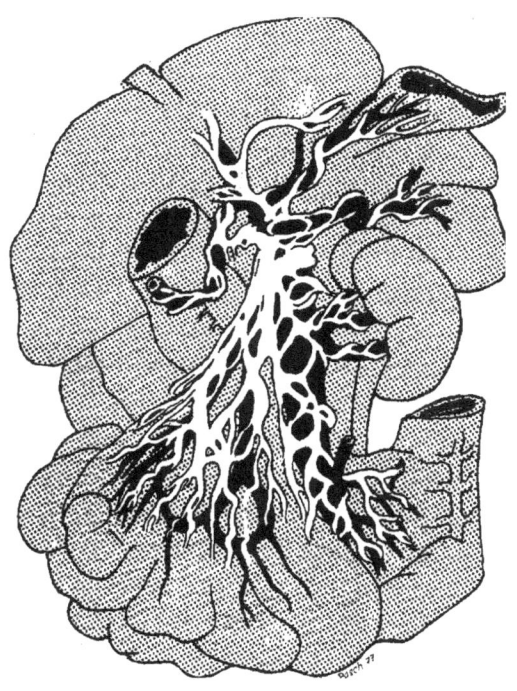

Von diesem Geflecht, das sich mit einer Schaltzentrale vergleichen lässt, zweigen ringsum,
ähnlich den Strahlen der Sonne, Nerven ab, die
sich auf das weite Feld aller Bauchorgane konzentrieren.

Diese Bauchorgane sind:
Magen, Bauchspeicheldrüse, Zwölffingerdarm,
Milz, Dünndarm, Dickdarm, Mastdarm, Leber,
Gallenblase, Gallenwege, Nieren, Nebennieren,
Harnleiter, Blase, Genitalorgane.

Über die "Telegrafenleitungen" des Sonnenge-
flechts wird die Funktion aller Bauchorgane
gewissermaßen ferngesteuert.

Ohne die physiologischen Zusammenhänge zu
kennen, spricht die frühe und mittelalterliche
Medizin dem Sonnengeflecht, allein wegen
seiner Ähnlichkeit mit der strahlenden, leben-
spendenden Sonne geheimnisvolle Wirkungen
zu. Es gab Veranlassung, unter dem Zwerchfell den Sitz der Seele zu vermuten. Schon im
alten Ägypten wurde das Sonnengeflecht als
Ebenbild jener einzigartigen Sonne gedeutet,
die der König Echnaton und seine Gemahlin
Nofretete in der 18. Dynastie zum alleinigen
Gott *Aton* (altägyptisch= Sonnenscheibe) er-
hoben, dargestellt als Sonnenscheibe mit nach

unten gerichteten Strahlen, die in stilisierten Händen enden.

Physiologisch wird in der 5. Übung eine verbesserte Blutzirkulation der oben aufgeführten Bauchorgane erreicht. Die Konzentrationsformel der 5. Übung lautet:

Sonnengeflecht strömend warm

Diese Formel meint eine angenehme Leibwärme, kein unangenehmes Hitzegefühl im Bauch! Mit der Leibesübung hat man die Möglichkeit, durchblutungsfördernd, beruhigend, organregulierend und spannungslösend einzugreifen. Um das Gelingen der Übung zu erleichtern, benutzen wir wie schon in früheren Übungen das Einsetzen unserer Phantasie. Wir stellen uns vor, in einem warmen Bad oder in der Sonne zu liegen. Eine weitere Hilfsvorstellung ist der erste Schluck einer warmen Suppe oder Grog bei großer Kälte. Die warme Flüssigkeit durchrieselt den Leib und bewirkt von da aus meist schlagartig eine bessere Durchwärmen nicht nur der Bauchorgane, sondern sogar auch der Hände und Füße.

6. Übung: Stirnkühle

Mit der sechsten Übung beenden wir die Unterstufe des Autogenen Trainings. Diese abschließende Übung ist die konzentrative Kopfübung (Stirnkühle).

In dieser Übung wendet sich der Organismus wieder nach außen. Nachdem wir in den bisherigen Übungen versucht haben, in uns zu gehen, uns in unseren Organismus zu versenken, lenken wir nun die Konzentration auf die Umgebung. Wir "erfühlen" mit den Thermorezeptoren der Stirn die Temperatur außerhalb unserer Eigenwärme.
Wir konzentrieren uns also nicht auf die tatsächliche Stirnhauttemperatur, sondern auf die kühlere Temperatur der Umgebung. Sie kann bei genügender Konzentration aufgrund der zahlreichen, temperaturempfindlicher Hautnervenendigungen gerade im Stirngebiet besonders gut wahrgenommen werden. Die Stirnkühle wird meistens als "kühler Hauch" erlebt. Die Konzentrationsformel zur sechsten Übung lautet:

Stirn angenehm kühl

Auch hier kann das Einsetzen der Phantasie zum Gelingen der Übung beitragen. Wir können uns vorstellen, dass wir einen ausgewrungenen, kalten Waschlappen auf der Stirn liegen haben, oder mit einem alkoholdurchtränkten Erfrischungstüchlein über die Stirn reiben. Danach wird die Übung zurückgenommen.

Diese Übung ist vor allem als Tagesübung zu empfehlen, weil es Menschen gibt, die mit kühler Stirn nicht gut einschlafen können. Im Zweifelsfalle muss man eben ausprobieren, ob diese Übung das Einschlafen eher fördert oder stört. Physiologisch ist die Stirnübung die konsequente Fortsetzung der vorherigen Mehrdurchblutung der Bauchorgane. Dadurch drängt das Blut nicht mehr zum Kopf, und die Stirn ist angenehm kühl.

Spontan-Entspannung

Wenn Sie alle diese Übungen der 'Unterstufe des Autogenen Trainings' ausdauernd und exakt geübt haben, so wird es Ihnen in kurzer Zeit gelingen, alle sechs Übungen in einer Kurzformel zusammenzufassen. Wenn Ihnen also die Übungsformeln so in "Fleisch und Blut" übergegangen sind, dass sich Schwere- und Wärmegefühl, ruhiger Herzschlag, leichtere Atmung, vermehrte Leibeswärme und angenehme Stirnkühle fast zur gleichen Zeit einstellen, dann empfiehlt sich das Kürzen:

Ruhe

Schwere

Wärme

Herz und Atmung ganz ruhig

Leib warm

Stirn kühl

Schon bald werden Sie nur noch so üben können, dass Sie sich alle sechs Übungen nicht mehr hintereinander, sondern auf einmal aneignen. Das sofortige Gelingen aller Übungen gleichzeitig nennt man "Spontan-Entspannung"

AUSBLICK:

Formelhafte Vorsatzbildung

Sobald es Ihnen gelungen ist, mit dem Autogenen Training vollkommen zu entspannen und Sie Ihr Körperbewusstsein verbessert haben, dann können Sie damit rechnen, dass das Autogene Training auch Auswirkungen auf Ihre Persönlichkeitsentwicklung zeigen kann. Diesen Effekt können Sie erreichen, indem Sie **formelhafte Vorsätze und Leitsätze** autogen mit trainieren.

Diese formelhaften Vorsätze müssen

* maßgeschneidert sein für bestimmte persönliche Bedürfnisse
* sie müssen kurz sein
* einen positiven Inhalt haben
* als eigene, aktive Leistung formuliert sein
* dem gewohnten eigenen Wortschatz entsprechen

Kurzum: auch die Formulierung dieser Leitsätze muss autogen erfolgen. Es hat deshalb wenig Sinn, irgendwelche anderen Formeln zu übernehmen, die nicht Ihren eigentlichen Bedürfnissen entsprechen.

Damit Sie einen Anhaltspunkt haben, finden Sie hier einige Vorschläge:

Zur Erhöhung des Selbstbewusstseins:
Ich bin positiv.
Ich bin mutig, unabhängig und frei!
Ich habe eine positive Einstellung.
Ich bin gut gestimmt.
Ich schaffe mein Leben.
Ich kläre meine Situation.

Zur Unterstützung der Diätetik:
Ich bin ganz ruhig, zufrieden und satt.
Essen ganz gleichgültig.
Jeder Augenblick ist wichtig.

Zur Leistungssteigerung:
Ich schaffe es.
Überall und jederzeit, Ruhe und Gelassenheit.

Zur Beruhigung:
Mutter, der Mann mit dem Koks ist da
Eile mit Weile.
Zieh die Bremse an.
Immer sinnig.

Wenn Sie sich also Ihre ganz persönlichen Formeln konstruieren, halten Sie sich an die **Grundregeln**:

a) die Formeln sollen kurz sein
b) die Formeln sollen positiv sein
c) die Formeln sollen individuell sein.

Diese drei Regeln sind wie alle Regeln: Es gibt Ausnahmen. Auch hier gilt als übergeordnetes Gebot, dass sich im Autogenen Training nichts durch Verkrampfung oder Unterordnung ergibt, sondern durch inneres Gelockert sein und Selbsterfahrung. Wer mit längeren Formeln (z.B. Verse oder kurze Gedichte) besser zurecht kommt, der muss sich nicht zur kommandoartigen Kürze zwingen.

Auch bei der zweiten Regel sind Ausnahmen erlaubt; für manche wirken Verbots-Formeln besser als positiv formulierte Gebote. Sowohl Verbote als auch Gebote sind nützlich. Bevor Sie sich jedoch für eine Verbotsformel entschließen, sollten Sie überlegen, ob Sie Ihre Absicht nicht auch positiv ausdrücken können (z.B. *anstelle von 'Nicht aufgeben'! - 'Durchhalten'!*)

In diesem Zusammenhang ist die **Indifferenzregel** erwähnenswert. Es geht darum, Einstellungen anzuregen, die nicht Kampf und Spannung, sondern Indifferenz ergeben. Man wird also nicht sagen, *Ich rauche nicht mehr*, sondern *Zigaretten ganz gleichgültig*, oder anstelle von *Ich rege mich nicht auf* besser *Situation unwichtig*. Die Indifferenzformel wird vor allem dort bevorzugt, wo Gefühlszustände besonderer Intensität zugrunde liegen.

Nur von der dritten Grundregel sollten Sie nicht abweichen: Ihre Formel soll individuell sein, d.h. Ihrer Persönlichkeit gerecht werden.

Die formelhaften Vorsätze ergeben sich aus der Situation, dem jeweiligen Bedürfnis, dem jeweiligen Temperament und aus der individuellen Verschiedenheit des Einzelnen heraus. Diese Leitsätze sind nur dann sinnvoll, wenn sie auf dem "eigenen Mist" gewachsen sind. Erfolgreich sind solche Vorsätze aber erst dann, wenn Sie die Unterstufe des Autogenen Trainings (die sechs Grundübungen) ohne Schwierigkeit beherrschen. Dies erfordert eine lange Übungszeit, manchmal viele Monate.

Es ist wichtig, jede einzelne Übung ernst zu nehmen und stetig und regelmäßig zu üben. Die Übungen können sowohl in der Gesamtform (Kurzformel aller sechs Übungen), als auch in den Einzelanwendungen eingesetzt werden. Auch dies ist abhängig von der jeweiligen Situation und Ihrem Bedürfnis.

Mit der formelhaften Vorsatzbildung ist das Autogene Training nicht beendet. Sie ist vielmehr eine Übergangsphase zur Autogenen lmagogik.

Oberstufe: Autogene Imagogik

Der Begriff "Imagogik" entstammt dem lateinischen Wort "Imago" das Bild, das Abbild, das Gleichnis.

Es entstehen in dieser Stufe Bild- und Farberlebnisse. Für Menschen, die Erfahrung mit Meditation, Zen, mit der Endstufe des Yoga oder mit musiktherapeutischer Selbsterfahrung haben, ist dieses Erlebnis nichts Neues. Es handelt sich um eine Selbstversenkungsmethode mit dem Ziel, angstfreier und selbstbewusster zu werden
Das Praktizieren der Autogenen Imagogik setzt die prompte Beherrschung der Unterstufe voraus. Erst wenn alle Übungen der Unterstufe gelingen, sind Sie 'reif' für die Oberstufe.

Als Information (nicht zum Selbstversuch ohne erfahrenen Trainer!) dient die folgende Beschreibung.

Die sieben Phasen der Autogenen Imagogik

Vorübung:
Sie besteht in einem formalen Akt, nämlich in der Einübung einer Jahrtausende alten Medita-

tionsübung, der **Konvergenzstellung der Augen,** um schneller in einen hypnoiden Zustand zu geraten. Um es kurz zu fassen: man blickt dabei mit geschlossenen Augen nach innen und oben. Die Konvergenzstellung ist allerdings nur eine formale, unterstützende Maßnahme, die nicht unbedingt erforderlich ist. Bei Mißempfindungen wird von dieser Methode sowieso Abstand genommen.

Dann beginnt man mit der Realisierung der Unterstufe:

Ruhe - Schwere - Wärme
Herz und Atmung ruhig
Leib warm Stirn kühl
Die Ruhe vertieft sich.

1. Phase: Katathymes Bilderleben

Hierbei handelt es sich um einen "gesteuerten Tagtraum". Die Grundaufgabe: man stellt sich eine grüne Wiese vor, achtet dabei auf alles, was sich ergibt. Die Ruhe vertieft sich es entwickelt sich ein Bild, das Bild wird allmählich deutlicher: ich erlebe das Bild. Bereits hier treten bei vielen Personen Farb-Erlebnisse auf.

2. Phase: Eigenfarbe, Symboldrama

Im Rahmen des symbolhaften Erlebens der 1. Phase wird nun eine 'Eigenfarbe' entwickelt. In Fortführung des katathymen Bilderlebens (auch *Symboldrama* genannt) untersucht man nun in der Vorstellung ein unbewohntes Haus vom Keller bis zum Dach. Übungen dieser Art sind leicht, meist lernen die Kursteilnehmer auch schnell, den Symbolgehalt ihrer Phantasien selbst zu deuten.

3. Phase: Schau konkreter Dinge und abstrakter Begriffe

Als nächstes werden konkrete Gegenstände so plastisch wie möglich vorgestellt:
Blumen, Früchte, farbige Gegenstände, Kieselsteine, Landschaften usw. Danach geht man dazu über, sich abstrakte Begriffe wie Harmonie, Freiheit, Gerechtigkeit, Glück, Liebe, Gnade usw. visuell vorzustellen.

4. Phase: Charakter- und Persönlichkeitserleben

Hier entstehen sowohl Bilder der Selbsterkenntnis (*Ich nehme mich an, so wie ich bin*) als auch Vorstellungen des Anderen (*Ich erlebe den anderen*). Diese Bilder werden oft (ähnlich wie im Traum) symbolhaft verschlüsselt erlebt. Bei allen Übungen ist es wichtig, dass auch Konsequenzen "geschaut" werden, die Einstellungsänderungen und Persönlichkeitsreife (Selbst-verwirklichung und Selbstentfaltung) bewirken können.

5. Phase: Konflikttraining I: Der Weg auf dem Meeresgrund

Diese Vorstellungen dienen dem Abreagieren von Aggression und Frustration, der Befreiung von Angst und der Steigerung der Kreativität. Sie können deshalb ohne weiteres mit Musik oder optischen Reizmustern ("Lichtorgel'") ver-bunden werden. In dieser Übung wird eine Wanderung auf dem Meeresgrund (mit allen lauernden Gefahren und Schönheitserlebnis-sen) realisiert. Dabei ist jede Vorstellung von technischen (U-Boote, Waffen) und romanti-schen (Zauberstab, Märchenwesen) Hilfsmit-teln erlaubt.

6. Phase: Konflikttraining II: Der Weg zum Berggipfel

Dies ist prinzipiell die gleiche Aufgabe wie oben, nur vertikal statt horizontal. Als Zusatz-aufgabe erfolgt die Erforschung einer Gebirgs-höhle und das Gespräch mit dem Bewohner, einem alten weisen Mann oder Frau. Auch hier müssen die symbolhaften Informationen und Konsequenzen gedeutet und analysiert wer-den.

7. Phase: Konflikttraining III: Die Schau der eigenen Urängste

Die letzten beiden Phasen waren Vorbereitung für diese endgültige Selbstschau. Es entstehen Situationen aus der eigenen Vergangenheit oder Gegenwart, Konflikte aus dem Elternhaus, aus dem Hier und Jetzt, das erste Auftreten von Leid oder Lust, der **Selbstdialog,** die negative wie positive Selbsterkenntnis.

Sämtliche Übungen werden grundsätzlich zurückgenommen. Die Rücknahme-Formeln sind:

Die Bilder ziehen sich allmählich zurück
Die Bilder werden undeutlich -
Die Bilder sind verschwunden -
Ich fühle mich wohl und erfrischt
Arm fest - Tief atmen - Augen auf

Die Oberstufe ist eine Form der tiefenpsychologischen Auseinandersetzung des Menschen mit anderen und mit sich selbst. Autogene Imagogik ist also ein "aufdeckendes" psychologisches Verfahren, das nicht nur Konflikte lösen, sondern auch die elementare Körper-Geist-Einheit des Menschen herstellen kann.

Dabei sind allergrößte psychische Widerstände zu überwinden, die das Unbewusste immer wieder wie eine starke Mauer vor unserem intellektuellen Zugriff aufbaut. Somit ist diese Selbsterfahrung unter Umständen ein lebenslanger Prozess des Bemühens um Erkenntnis.

Für viele, die noch am Anfang dieses Weges stehen, sind die Inhalte obiger Zeilen nicht nachvollziehbar, vielleicht unvorstellbar. Sie sollten sich deshalb vor Augen führen, dass viele Tausende von Menschen in unterschiedlichsten Kulturen diese und ähnliche Erfahrungen erfolgreich gemacht haben und genauso begonnen hatten wie Sie.

Vielleicht ist Ihnen aus der Beschreibung der sieben Phasen der Autogenen Imagogik der Sinn der fortschreitenden Übungen nicht ganz klar geworden. Dies liegt darin begründet, dass Selbsterfahrungen eben besser erfahren werden können, als beschrieben.

Vielleicht aber ist es gelungen, Sie durch die Information anzuregen, sich um einen Selbsterfahrungsprozess zu bemühen…

Die Hinweise zu Formelhafte Vorsatzbildung und Autogene Imagogik finden sich hier nur aus Gründen der Vollständigkeit und der Information über die historische Weiterentwicklung des Autogenen Trainings. Dies ist daher auf keinem Fall als Aufforderung zu verstehen, sich eigenständig und ohne Unterstützung eines erfahrenen Trainers mit diesen beiden Stufen zu beschäftigen. Inzwischen befassen sich auch nur noch wenige Ärzte, Psychoanalytiker oder Psychotherapeuten mit diesen Weiterentwicklungen des Autogenen Trainings, nicht zuletzt deshalb, weil es inzwischen viele Alternativen gibt, die ähnliche Ziele in kürzerer Zeit erreichen können.

Die 6 Grundübungen des Autogenen Trainings dagegen gelten immer noch als das klassische, mentale Naturheilverfahren und die systematische Gegenmaßnahme gegen Stress. Autogenes Training erhöht die Belastbarkeit des Organismus und stärkt das Immunsystem.

LITERATURVERZEICHNIS

Brechtel, C. (1981). Angewandte Psychologie in der Kur. In M. Hockel, *Handbuch der Angewandten Psychologie (Band 2)* (S. 985-1011). Landsberg: MI.

Brechtel, C. (1978). Autogenes Training und Muskuläres Tiefentraining. In U. Stocksmeier, *Therapiekompass Wege zur Gesundheit ohne Medikamente* (S. 182-197). Köln: Deutscher Ärzte-Verlag.

Brechtel, C. (1979). *BIO-RELAX für Führungskräfte.* WEKA: Kissing.

Brechtel, C. (1977). *Gesundheit durch Gelassenheit.* Durbach: Psychomedia.

Brechtel, C. (1982). *Klinische Psychologie in der Staufenburg Klinik.* Offenburg: Hurrle GmbH.

Brechtel, C. (2012). Metaberatung Führungstraining 4. *Burnout Prevention* . Düsseldorf: MTC.

Brechtel, C. (1977). *Muskuläres Tiefentraining (MTT)*. Durbach: Psychomedia.

Brechtel, C. (1979). *Schlank & Gesund durch Selbstkontrolle*. Durbach: psychotop.

Brechtel, C. (2014). *Was Stress und Burnout mit uns machen und was wir dagegen tun können*. Hamburg: tredition.

Brechtel, C. (2013). *Wer wir sind und wie andere uns sehen*. Hamburg: tredition.

Brechtel, C. (1988). Workshop zum Schmerz-Immunisierungs-Training (SIT). In I. Lindner, *Forschung und Praxis im Dialog* (S. 217-219). Bonn: dvp.

Brechtel, C., & Lipinski, R. (1987). *Das Schmerz-Immunisierungs-Training (SIT)*. Durbach: psychotop.

Langen, D. (1968). *Der Weg des autogenen Trainings*. Darmstadt.

Lindemann, H. (1973). *Überleben im Stress*. Bertelsmann.

Meichenbaum, D. (2003). *Intervention bei Stress.* Bern: Huber.

Schultz, J. H. (1976). *Das Autogene Training.* Thieme.

Schultz, J. H. (1974). *Übungsheft für das Autogene Training* . Stuttgart: Thieme.

Selye, H. (1974). *Stress. Bewältigung und Lebensgewinn.* München: Piper.

Thomas, K. (1971). *Praxis der Selbsthypnose des Autogenen Trainings.* Stuttgart: Thieme.

Vester, F. (2008). *Phänomen Stress.* München: DTV.

Über den Autor

Christoph Brechtel

Diplom-Psychologe,
Psychotherapeut,
Coach, Verhaltenstrainer

Studium der Psychologie an der Ruprecht-
Karl-Universität, Heidelberg
1976-1989 Leiter des Psychologischen Dienstes
der Staufenburg Klinik (Fachklinik für Innere
Medizin, Durbach, Baden); diverse Veröffentli-
chungen für Patienten und Fachkollegen zur
Psychosomatik

Approbation, Kassenzulassung und Supervisor der
Kassenärztlichen Vereinigung Südbaden. Spezial-
gebiete: Stressforschung, Schmerz-Immunisierungs-
Training, Krisenintervention, Potenzialdiagnose,
Persönlichkeitsentwicklung

1986-1989 Mitglied des Vorstandes Baden
Württemberg des Berufsverbandes Deutscher
Psychologen (BDP)

1988 Mitbegründer der Deutschen Psychologen Akademie (DPA)

seit 1979 freier Mitarbeiter von tpm, Team für Psychologisches Management, Beratungsgesellschaft mbH, Schwalmtal (*www.tpm-team.de*)

Verhaltenstrainer und Coach in den Bereichen Methoden- und Sozialkompetenz, Führungsverhalten, Personalentwicklung, Unternehmenskultur

seit 2002 Gesellschafter bei tpm
von 2002-2014 Geschäftsführer

Mitglied bei ACE (Assess-Change-Establish, ehemals Assessment Circle Europe),
 Global Talent Management

 **tredition®**

www.tredition.de

Über tredition

Der tredition Verlag wurde 2006 in Hamburg gegründet. Seitdem hat tredition Hunderte von Büchern veröffentlicht. Autoren können in wenigen leichten Schritten print-Books, e-Books und audio-Books publizieren. Der Verlag hat das Ziel, die beste und fairste Veröffentlichungsmöglichkeit für Autoren zu bieten.

tredition wurde mit der Erkenntnis gegründet, dass nur etwa jedes 200. bei Verlagen eingereichte Manuskript veröffentlicht wird. Dabei hat jedes Buch seinen Markt, also seine Leser. tredition sorgt dafür, dass für jedes Buch die Leserschaft auch erreicht wird

Autoren können das einzigartige Literatur-Netzwerk von tredition nutzen. Hier bieten zahlreiche Literatur-Partner (das sind Lektoren, Übersetzer, Hörbuchsprecher und Illustratoren) ihre Dienstleistung an, um Manuskripte zu verbessern oder die Vielfalt zu erhöhen. Autoren vereinbaren unabhängig von tredition mit Literatur-Partnern die Konditionen ihrer Zusammenarbeit und können gemeinsam am Erfolg des Buches partizipieren.

Das gesamte Verlagsprogramm von tredition ist bei allen stationären Buchhandlungen und Online-Buchhändlern wie z. B. Amazon erhältlich. e-Books stehen bei den führenden Online-Portalen (z. B. iBook-Store von Apple) zum Verkauf.

Seit 2009 bietet tredition sein Verlagskonzept auch als sogenanntes "White-Label" an. Das bedeutet, dass andere Personen oder Institutionen risikofrei und unkompliziert selbst zum Herausgeber von Büchern und Buchreihen unter eigener Marke werden können.

Mittlerweile zählen zahlreiche renommierte Unternehmen, Zeitschriften-, Zeitungs- und Buchverlage, Universitäten, Forschungseinrichtungen, Unternehmensberatungen zu den Kunden von tredition. Unter www.tredition-corporate.de bietet tredition vielfältige weitere Verlagsleistungen speziell für Geschäftskunden an.

tredition wurde mit mehreren Innovationspreisen ausgezeichnet, u. a. Webfuture Award und Innovationspreis der Buch-Digitale.

tredition ist Mitglied im Börsenverein des Deutschen Buchhandels.

Zeitfracht Medien GmbH
Ferdinand-Jühlke-Straße 7
99095 Erfurt, Deutschland
produktsicherheit@kolibri360.de